AF232323

NOTICE

SUR

L'EGLISE

DE LUXEUIL

ornée d'une gravure

PAR

M. l'Abbé de BEAUSÉJOUR

CURÉ DE LA PAROISSE

Membre correspondant de l'Académie

de Besançon

LUXEUIL,

IMPRIMERIE ET LITHOGRAPHIE BONNET

—

1886

NOTICE

SUR

L'EGLISE

DE LUXEUIL

ornée d'une gravure

PAR

M. l'Abbé de BEAUSÉJOUR

CURÉ DE LA PAROISSE

Membre correspondant de l'Académie

de Besançon

LUXEUIL, IMPRIMERIE ET LITH. BONNET

ÉLÉVATION D'UNE TRAVÉE DE LA NEF

NOTICE

SUR

L'EGLISE DE LUXEUIL [1]

I

VUE D'ENSEMBLE

Le monument qui sert aujourd'hui d'église paroissiale à Luxeuil est l'ancienne abbatiale du monastère fondé par St-Colomban en 590. Sous sa forme actuelle, elle en est à sa quatrième reconstruction ; mais tout porte à croire que dans ses diverses réédifications, elle n'a pas changé de lieu.

Extérieurement, elle n'a rien qui frappe le regard. Les dimensions en sont moyennes, l'appareil de construction irrégulier, le portail d'entrée mesquin, la toiture dépourvue de ces ornementations qui relèvent et égaient un monument. Si l'on excepte les pinacles des contreforts, les gargouilles du chevet, les modillons et corbeaux posés sous les corniches des chapelles et des collatéraux ainsi que la tour accolée au côté nord du transsept, le reste ne fait qu'accuser l'extrême simplicité de l'enveloppe extérieure.

Ajoutons que ce monument se présente dans des conditions bien peu favorables. D'abord il a été mutilé dans ses sommets, des trois clochers qui le couronnaient, un seul subsiste et

---

(1) L'auteur de cette notice a bien voulu détacher d'un ouvrage qu'il doit faire paraître prochainement sur LE MONASTÈRE DE LUXEUIL quelques pages touchant l'ANCIENNE ABBATIALE du monastère ; nous les publions avec plaisir et nous espérons qu'elles seront bien accueillies.

(Note de l'éditeur).

encore a-t-il perdu depuis 1680 la haute flèche qu'en le bâtissant (1527), l'abbé Jean de la Palud lui avait donnée et qui était regardée comme une des merveilles du pays; de plus il manque de dégagement, englobé qu'il est sur trois de ses faces par des bâtiments et des jardins. Ceci toutefois peut donner lieu à un regret mais pas à un reproche. Le *maître de l'œuvre*, en élevant ces murs, n'avait pas à se préoccuper de produire un effet extérieur; il se proposait seulement de répondre aux besoins du service claustral et aux exigences des bâtiments qui composaient le monastère.

Vue du dedans, l'église présente une abside profonde, un large transsept à chapelles orientées, une nef principale avec triforium et deux bas-côtés, le tout formant une croix latine de cinquante-neuf mètres dans sa longueur et de trente-sept mètres de largeur dans ses bras. Son style ne peut être indiqué d'un mot, car les éléments qui le constituent sont complexes et divers. D'abord les dispositions générales de l'édifice accusent le caractère monastique. Quant aux détails architectoniques, ils se classent en deux grandes catégories, les uns se rapportant à l'époque romane et les autres à l'époque ogivale. Dans tout le rez-de-chaussée, moins l'abside, le style roman et le style ogival se mêlent l'un à l'autre : ogives aux voûtes, aux arcs-doubleaux et aux archivoltes des basses-nefs ; figures romanes aux chapiteaux, plein cintre roman aux fenestrelles des chapelles et primitivement à celles des collatéraux. (Un type des fenestrelles primitives demeure intact au collatéral du midi). Mais dans toute la partie supérieure de la nef principale, et dans l'abside, présence exclusive du style ogival ; chapiteaux, nervures, voûtes, colonnes, tout est essentiellement gothique. Enfin dans les deux modes d'architecture, influence marquée de l'école bourguignonne. D'où l'on peut proposer cette formule comme définition artistique de notre église : *monument à plan monastique, de style romano-gothique dans la partie inférieure, de style ogival dans la partie supérieure et dans l'abside, le tout interprété et exécuté sous l'influence de l'école bourguignonne.*

Ces indications nous conduisent à penser que l'édifice a été élevé par travaux successifs et distants les uns des autres. Un premier travail a dû avoir pour objet les bas-côtés et les chapelles avec leurs voûtes ; un second, le triforium et la partie supérieure de la nef et du transsept ; un troisième, l'abside. Rien n'empêche de supposer qu'en attendant l'achèvement complet, une charpente sommaire n'ait abrité les parties non encore élevées à hauteur de voûtes et ne les ait rendues aptes au service du culte.

Les documents historiques concordent avec les données artistiques. Les annales du monastère nous apprennent qu'en 1201, le feu avait ravagé le couvent et son abbatiale. Toutefois les restaurations de l'un et de l'autre ne semblent avoir été entreprises que quelques années plus tard (1215), sous l'abbatiat de Hugues de Faucogney. En 1253, l'abbé Thiébaud II y travaille encore ; en 1276, l'abbé Kales continue l'œuvre commencée et poursuivie par ses prédécesseurs. Mais ce fut seulement l'abbé Eudes de Charenton qui l'acheva. (1330).

Voici d'après dom Grappin (1), reproduisant un texte du XVIme siècle, l'indication de la remise des travaux :

> « Heudes abbez, lequel paya à maistre Renaud de Fresne-Sainct-
> « Mémez, maistres mansons de l'œuvre du mostier Saint-Pierre
> « de Luxeu, à cause de l'œuvre du mostier, de trois ans passés,
> « la somme de 300 livres estev. et prébende entière de pain et
> « de vin et de général ; ensemble roubbe d'escuier baillez et
> « délivrez par le dit S^r en l'an mil III C et XXX le dimanche
> « après la nativité de Notre-Dame. Alors Jehan de Gohenans était
> « secretaire. »

En résumé, suivant nous, l'église détruite ou fortement ébranlée par l'incendie de 1201, se rebâtit par parties au cours du XIIIme siècle et s'acheva en 1330. L'abbé Eudes de Charenton et l'architecte Renaud de Fresnes-St-Mammès (H^{te}-Saône), prirent une part active à ces derniers travaux. C'en fut assez pour avoir mérité à l'abbé le titre de reconstructeur de l'église que la tradition lui décerne et pour avoir valu au *Maître manson* la prébende et la robe d'écuyer qui lui furent octroyées, mais il peut bien se faire que tous deux aient bénéficié des circonstances et aient retiré de l'œuvre qu'ils ne firent qu'achever,

---

(1) Hist. m. s. de l'abbaye de Luxeuil 1700.

une gloire et un profit dont une part aurait dû revenir à leurs prédécesseurs.

Ce monument ne reçut sa consécration que dix ans après son achèvement. La cérémonie fut faite le 7 décembre 1340 par Hugues de Vienne, archevêque de Besançon, qui plaça le nouveau temple, comme déjà l'était l'ancien, sous l'invocation des *Princes des apôtres* St-Pierre et St-Paul.

Aucune grande réparation ne parait avoir été faite dans l'église jusqu'au 17ᵐᵉ siècle, époque à laquelle dom J. B. Clerc y exécuta toutes les reprises où l'on voit apparaître le style de la Renaissance. A partir de cette date, jusqu'à la Révolution, chaque abbé tint à honneur d'y attacher son nom par quelqu'œuvre utile, mais ces travaux n'eurent pour objet que des appropriations ou décorations intérieures qui se substituèrent les unes aux autres sans jamais toucher aux grandes lignes de l'œuvre générale.

Pendant la période révolutionnaire de 1793, l'édifice, devenu propriété de l'État, servit tour à tour de lieu de réunion pour les clubs patriotiques ou les fêtes républicaines et de magasin à fourrages. Toutefois au rétablissement du culte, il se retrouva dans son entier et fut vendu à la ville qui l'affecta aux cérémonies paroissiales et lui fit subir les transformations nécessaires à sa destination nouvelle. Mais alors, faute d'entretien pendant les jours troublés de la Révolution, faute de réparation même dans les derniers temps du monastère, il n'était plus qu'une ruine. Dès 1844, son triste état avait été signalé au Gouvernement qui l'avait classé parmi les monuments historiques, sans cependant lui consacrer de subsides. Ce ne fut qu'à la suite d'une visite faite à Luxeuil le 7 juillet 1856, par l'empereur Napoléon III, que M. l'abbé Vuillemenot, curé de la paroisse, obtint la promesse que le Gouvernement donnerait une subvention pour y entreprendre des travaux de restauration. On se mit à l'œuvre en 1858, et cent cinquante mille francs, fournis en partie par la ville et en partie par l'État, furent employés à ce travail qui eut surtout pour objet l'abside et le transsept. (1)

____

(1) Ces restaurations furent conduites par M. Durand, architecte du Gouvernement, secondé par M. Grandmougin, architecte à Luxeuil. M. David était alors maire de la ville.

Cependant les parois intérieures des nefs restaient couvertes d'un badigeon malpropre et, par endroits, d'une mousse verdâtre. En 1874, M. l'abbé Jeanroy, récemment nommé curé de la paroisse, entreprit sous la direction et les conseils de M. Durand, architecte du Gouvernement, le grattage intérieur de l'édifice. Ce travail mit à jour çà et là quelques traces de peintures que l'on a gardées, en particulier celles de la première clef de voûte de l'abside. Sous le badigeon des murs, reparut l'appareil ancien qui depuis reste visible et redonne à l'édifice le caractère monumental qu'il avait autrefois.

II

ABSIDE

En 1860, l'abside ayant été jugée peu solide, fut déposée à terre et bientôt relevée. Mais la nouvelle construction a si exactement repris les dispositions et remployé les matériaux de l'ancienne, que nous pouvons la considérer comme la restitution fidèle de l'œuvre primitive. (long. 14ᵐ 80, larg. 9ᵐ 75, haut. 17ᵐ 50).

Elle s'élève de trois degrés au-dessus du pavé du transsept, se compose de trois travées et se termine par un chevet à pans coupés. Dans cet ensemble, tout indique le début du XIVᵐᵉ siècle : colonnes à base polygonale, chapiteaux à double rang de fleurons, nervures et arcs à ogives aigües, arcatures à trois lobes, fenêtres à deux lancettes surmontées d'une rose.

On remarquera dans cet abside la déviation de l'axe vers le nord, elle est surtout sensible pour le spectateur placé sous le buffet de l'orgue. Il y a en effet entre l'axe de la grande nef prolongé et celui de l'abside, un écart notable. Cette particularité, qui se rencontre dans la plupart des grandes cathédrales ou abbatiales et qui est regardé par les uns comme la réalisation d'une idée mystique (inclinaison de la tête du Christ sur la croix), et, par les autres, comme simple accident de construction, est encore pour les savants un sujet de recherches et d'études.

Notre abside, appelée aussi presbytéral, renfermait l'autel majeur, le siège de l'abbé, les bannières du couvent, de riches tapisseries pendues aux murs. Tout en a été enlevé, le seul objet ancien qui s'y trouve, et encore a-t-il été rapporté d'une autre partie de l'église, c'est la boiserie garnie de *formes* qui en meuble aujourd'hui les parois. Ces stalles proviennent de l'ancien chœur de nôtre église et plus anciennement de la cathédrale de St-Etienne de Besançon, pour laquelle elles avaient été faites en 1549. Après la démolition de cette cathédrale, ces *formes* avaient été reléguées dans les caves du chapitre bisontin, où elles se détérioraient, quand l'abbé de Bauffremont les acheta et les fit placer dans le chœur de son église abbatiale (1683).

Le maitre autel est d'un grand effet ; il est en bronze doré, couvert de ciselures, orné de personnages en plein relief et semé de gemmes de diverses couleurs. La flèche centrale qui surmonte le tabernacle et l'expositoire se détache gracieusement sur les verrières peintes qui lui servent d'arrière plan (1865). (1)

Les trois fenêtres du chevet sont munies de verrières récentes mais de style ancien. Chacune d'elles porte dix-sept médaillons quadrilobés où sont représentés, à la façon et dans le goût naïf du XIIIme siècle, les principales légendes de nos saints luxoviens. Voici le detail de cette composition : (2)

Fenêtre de gauche

I St COLOMBAN promulgue sa règle devant ses compagnons.

II St COLOMBAN multiplie miraculeusement le blé pour nourrir ses religieux.

III S^t LUA accompagne le Fondateur dans ses voyages.

IV St COLOMBAN le jeune est entouré d'animaux sauvages devenus dociles à sa voix.

V St COLOMBAN le jeune reçoit des oiseaux dans son capuce.

VI St BERTULFE s'entretient avec St PIERRE qui lui apparait en songe.

VII St BABOLÈNE marche à la clarté d'une colonne de feu.

---

(1) Bachelet, orfèvre à Paris, sur les plans et dessins de Viollet-Le-Duc.
(2) Données historiques de M. l'abbé Vuillemenot — exécution artistique par MM. Lusson et Lefebvre, peintres verriers, à Paris — Nos vitraux mentionnent 43 saints ; certains catalogues en comptent 44 et d'autres mêmes davantage.

VIII St Ursanne prêche aux infidèles.

X St Colombin dans son tombeau reçoit les hommages du duc Rodolphe IV d'Autriche.

XII St Valéry ressuscite un criminel pendu dont il se propose ensuite de demander la grâce.

XIV St Ragnachaire est entouré de livres.

XVI St Sigisbert reçoit dans sa grotte la nourriture de la main d'un ange.

IX St Attale est ravi en extase.

XI St Gal se retire dans une épaisse forêt.

XIII St Desle reçoit une bulle des mains du pape qu'il est allé visiter à Rome.

XV St Valdolène prêche dans les contrées éloignées.

XVII St Léobard défriche la terre.

Fenêtre du fond

I St Pierre reçoit de J.-C. les clefs du Ciel.

II St Eustaise opère la guérison de Ste Fare.

III St Cagnoald recommande aux bêtes sauvages de respecter la retraite de St Colomban.

IV St Achaire annonce la parole de Dieu.

V St Amé fait miraculeusement jaillir une source d'un rocher.

VI St Romaric reçoit le Viatique avant de mourir.

VII St Vandelin explique la règle à ses religieux.

VIII St Omer est couché sur un lit dans l'intérieur de son église où il s'est fait porter pour mourir.

IX St Mommolin distribue ses biens aux pauvres.

X St Bertin guérit le comte Valbert.

XI St Ebertram prêche devant le roi.

XII St Agile meurt au pied de l'autel de Marie.

XIII St Germain est frappé à mort par des soldats allemands.

XIV St Chuanne entre au monastère.

XV St Ermenfroy meurt; les anges emportent son âme.

XVI St Adelphe guérit par la vertu de son tombeau une jeune fille de Vesoul.

XVII St Omer reçoit et bénit une jeune fille qui vient lui demander le voile de la religieuse.

Fenêtre de droite

I S' VALBERT arrive à Luxeuil.

II S' VALBERT prêche au milieu des bois.

III S' VALBERT dans sa solitude.

IV S' VALBERT rend la vue aux aveugles.

V S' VALBERT est inhumé par S' Miget.

VI S' HERMENFROI est sacré évêque.

XII S' ANSÉGISE se présente devant Charlemagne.

VII S' THÉOFFROY reçoit la terre de Corbie.

XIII Le B. ANGELÔME compose ses ouvrages.

VIII S' BERCHAIRE fondateur d'Hautvilliers.

XIV S' TETELME est tué par des soldats.

IX S' INGOFROY reçoit S' Adelphe à Luxeuil.

S' GIBARD est percé de flèches.

X S' EMMON prodigue ses soins à S' Adelphe malade.

XVI S' BALTRAM distribue ses biens aux pauvres.

XI S' MELLIN subit le martyre.

XVII S' ANTOINE DE FROIDEMONT prie dans sa grotte.

Après les verrières, les sépultures. Comme l'église du monastère, malgré ses reconstructions successives, paraît n'avoir pas varié de place et d'étendue, on peut penser que le sol de l'abside renferme encore les ossements des saints colombanistes que les premiers moines de Luxeuil avaient confiés à leur sanctuaire. Ce n'est là toutefois qu'une conjecture ; mais nous savons avec certitude que depuis le XIVme siècle, la plupart de nos abbés furent ensevelis dans cette abside et que leurs restes y reposent encore. Nous nous contenterons d'indiquer deux de leurs sépultures, celle de l'abbé Eudes de Charenton, reconstructeur de l'église (1345), et celle de l'abbé J. B. Clerc, restaurateur de l'abbaye (1671). Les pierres qui recouvraient ces corps sont maintenant adossées au pignon nord du transsept, nous les retrouverons plus loin.

On voyait autrefois appuyé extérieurement aux derniers contreforts du chevet une chapelle absidale bâtie dans la seconde moitié du XVme siècle, par Antoine de Neuchatel, évêque de Toul et abbé commendataire de Luxeuil. Cet édicule se nommait : *l'oratoire de la confession de St-Pierre.* Il tomba avec l'abside aux dernières grandes réparations de l'édifice (1860), mais ne fut pas relevé avec elle.

III

TRANSSEPT

Des diverses parties de notre église, le transsept est celle qui frappe le plus. Ses vastes dimensions, la réunion des chapelles dans les limites de son périmètre, la présence dans son enceinte des portes et issues, dont plusieurs sont aujourd'hui fermées, mais qui toutes rattachaient l'église aux *bâtiments réguliers* et même au triforium, aux combles, aux clochers, tout révèle le but que nos moines se proposèrent en le construisant, celui d'en faire comme un sanctuaire particulier et réservé.

Les quatre chapelles qui s'ouvrent sur cette croisée forment chacune un carré un peu allongé (prof. 4 ^{m} 60, long. 6,30, haut. 6,50), aux angles duquel trois colonnettes accolées supportent les retombées d'une voûte à arêtes saillantes et à clef fleuronnée. Le mur du levant est percé d'une fenêtre étroite à plein cintre ; et de plus, les deux chapelles extrêmes ont une fenêtre semblable dans le mur de côté qui prend jour au dehors. Ces chapelles ont été polychrômées il y a vingt ans, mais on a le regret de voir leur peintures s'effacer de jour en jour et même celui de ne pouvoir sauver ce qui en reste à cause de l'humidité des murs.

Le pignon sud contigu aux bâtiments de l'ancien monastère n'est éclairé que par une rose qui est percée dans la partie haute du mur, ne pouvant prendre jour qu'à cette hauteur.

Au pied de ce mur et de chaque côté de la porte cintrée qui donne accès dans la sacristie, on remarquera deux tombes.

La première (XVme siècle) est celle d'Edme Carpet recteur de l'église Saint-Martin (long. 2 ^{m} 10, larg. 1 ^{m}). Elle représente, sous un dais à colonnes, un personnage revêtu de ses ornements sacerdotaux, les mains jointes sur la poitrine, la tête munie d'une large tonsure et la partie inférieure de l'aube ornée d'un écu portant *une carpe posée en fasce*. L'inscription, fruste en partie, laisse lire ces mots avec caractères du XVe siècle :

. . . . . jure. graduatus. utroque. rector. de . . . . Martini. canonicus. eccle. Columbemonasterii. colleg . . . . . . altare. Claud . . . . . lune. V. octobs. migravit. . . . propter. cum. precor. orate. Deum.

La seconde (XVII*c* siècle) est la tombe de D. Pierre Broquard (long. 1ᵐ 95, larg. 1ᵐ 87). Dalle simple avec écusson au centre (*de... à la fasce de... accompagnée de trois étoiles de... deux en chef et l'autre en pointe*) et inscription en bordure :

Hic. jacet. nob̄ᵘˢ. et rel̄ˢ. d. Petrus. Broquard. bisut. hujˢ. cœnob. infirm. prior. de. Vellexō. Laferté-sur-Amance. d. de. Soyère. obiit. 15. men. 7ᵇʳⁱˢ. an. 1624. aīa. ejˢ. in. pace. quiescat. amen.

Il s'agit d'un membre de la famille bisontine Broquard de Lavernay.

Le pignon nord est ajouré par une rose (diam. 2ᵐ 50) et par trois lancettes (haut. 5ᵐ 50, larg. 0ᵐ 78). Ces baies ont reçu en 1880 des verrières peintes (1). La rose présente les armoiries de l'Abbaye sous les deux formes les plus répandues ; les lancettes portent les écus des abbés qui ont gouverné le couvent de 1330, époque de l'achèvement de l'église, à 1790, date de la suppression de l'Abbaye.

Rose

Au centre : *d'azur à un Saint Benoît d'or* avec la légende : *Sigillum conventûs luxoviensis* (sceau du monastère de Luxeuil), et dans chacun des six lobes rayonnants : *d'azur à la clef et à l'épée d'argent croisées en sautoir.*

Première Lancette

1 O. DE CHARENTON. — *de... à l'étoile à huit raies de... posée en cœur.* — 1319 - 1345.

2 FR. DE CORCONDRAY. *d'azur au lion d'or couronné de même.* — 1345 - 1351.

3 G. DE Sᵗ-GERMAIN. — *de... au chef de... chargé de trois étoiles de...* — 1351 - 1365.

4 A. DE MOLLAIN. — *de... aux trois bourses de... posée deux et une.* — 1365 - 1382.

---

5 G. DE BUSSEUIL. — *fascé d'or et de sable de six pièces.* — 1382 - 1416.

6 E. PIERREXI DE L'ISLE. — *de... à la bande chargée de trois étoiles de...* — 1418 - 1424.

7 J. DE VINZELLES. — *de gueules à trois annelets d'argent.* † 1431.

Deuxième Lancette

8 G. BRIFFAUT. — *d'azur à une fasce d'argent chargée de deux étoiles de gueules.* — 1431 - 1449.

9 CARD. JOUFFROY. — *fascé d'or et de sable de six pièces ; la première fasce de sable chargée de deux croisettes d'argent.* — 1449 - 1468.

10 A. DE NEUCHATEL. — *de gueules à la bande d'argent.* — 1468 - 1495.

11 J. et F. DE LA PALUD. — *de gueules à la croix d'argent chargée d'hermines.* — 1495 - 1542.

12 FR. BONVALOT. — *d'argent à trois jumelles de gueules.* — 1542 - 1560.

13 CARD. DE GRANVELLE. — *d'argent à trois bandes de sable; au chef d'Empire.* — 1560 - 1586.

14 CARD. L. DE MADRUCE. — *d'or à l'aigle éployée de sable.* — 1587 - 1600.

Troisième Lancette

15 CARD. A. D'AUTRICHE. — *de gueules à la fasce d'argent.* — 1600.

16 A. et P. DE LA BAUME. — *d'or à la bande pleine d'azur.* — 1601 - 1631.

17 J. COQUELIN. — *d'azur à trois coquilles d'or.* — 1633 - 1639.

18 J. B. CLERC. — *d'azur à une jumelle d'or.* — 1642 - 1671.

19 Cl. et J. et Ch. DE BAUFFREMONT. — *vairé d'or et de gueules.* — 1671 - 1733.

20 R. DE ROHAN-SOUBISE. — *de gueules à neuf macles d'or.* — 1741 - 1743.

21 AYNARD DE CLERMONT-TONNERRE. — *de gueules à deux clefs d'argent posées en sautoir la tête en bas.* — 1743 - 1790.

Au dessous des baies armoriées, sont réunies certaines pièces archéologiques que nous devons au moins indiquer, ce sont :

1° La tombe de l'abbé Eudes de Charenton (long. 2ᵐ 77, larg. 1ᵐ 45), relevée de l'abside. Elle porte gravé en creux un personnage revêtu des ornements sacerdotaux, les mains jointes sur la poitrine, le bras gauche passé sur une crosse munie de son velum, la tête coiffée de la mitre et les pieds appuyés sur des cagnets. Cette figure est encadrée par un portique ogival au-dessus duquel voltigent deux anges thuriféraires à demi cachés par deux écussons portant en cœur *une étoile à huit raies.* On lit, en bordure, l'épitaphe suivante avec caractères du XIVᵉ siècle :

> *M. C. ter. X. que. quater. simul. V. maii. quoque. mensis.*
> *Idibus. Odo. pater. obit. abbas. luxoviensis.*
> *Annis. vicenis. intus. rexit. quoque. senis.*
> *Nobilis. et. magnus. humilis. mitis. velut. agnus.*
> *Carne. sua. mundus. largus. sapiens. oriundus.*
> *De. Charentone. Deus. hunc, super. austra. repone. amen.*

2° La tombe de l'abbé J. B. Clerc, relevée de l'abside. C'est une simple dalle (long. 2, 80 larg. 1, 48) entièrement occupée par l'épitaphe et par l'éloge funèbre du défunt. Nous donnons seulement l'épitaphe :

> *Mortuus. hoc. monumento. tegitur. qui. se. innumeris. gloriæ. monumentis. reddidit. immortalem. Rᵘˢ. in. Xᵒ. pater. d. domnus. Joannes. Baptista. Clerc. LXXI. hujus. cenobii. abbas. eximiusque, restaurator. qui. illud. XXX. annos. ea. sapientia. rexit. et. eo. zelo. ampliavit. quæ. illum. primis. luxovii. conditoribus. fecerunt. parem. ✝ 1671.*

3° Deux cariatides qui soutenaient, dans l'abside, le tombeau des abbés de la Palud (XVIᵉ siècle).

4° deux têtes isolées. celle d'un *Ecce homo* et celle d'une *Mater dolorosa* (XVIᵉ siècle) débris de deux statues mutilées.

5° La table du monument funèbre de l'abbé A y mon de Mollain (XIVe siècle). Avec deux écussons (l'un : *de... à trois bourses posées deux et une de.. l'autre : de... à trois croissants posés deux et un de...*) et une inscription en caractères de l'époque :

Anno. milleno. centum. ter. octuageno.
Adde. duos. ymo. dicto· tunc. sepelitur. Aymo.
Abbas. Luxovii. tunc. aprili. (bene. sensi.?)
Huic. Mollain. patrem. dedit. sed. Borbona. matrem.
Annis. vicenis. locum. rexit. minus. uno.
Turrem. patravit. aulam· priùs. ædificavit.
Fecit. multa. bona. detur. sibi. summa. corona. amen.

IV

NEF

La nef, en longueur, comprend six travées et, en élévation, présente trois ordres ou étages superposés. L'ordre inférieur est formé de piles carrées, cantonnées de colonnes cylindriques et reliées les unes aux autres par des archivoltes sans moulures ; l'ordre intermédiaire offre un triforium à deux baies encadrées de colonnettes géminées et posées sur un bandeau saillant ; enfin l'ordre supérieur est ajouré par une suite de fenêtres longues et étroites.

En examinant les colonnes de la nef, on constate un écartement marqué de leur partie supérieure vers le dehors et un renflement de leur partie médiane vers l'intérieur de l'église. La cause du premier phénomène est dans la pression considérable de la haute voûte ; celle du second est dans une pression analogue des basses voûtes. Dans l'un et l'autre cas, ce sont des forces semblables qui ont agi en sens contraire et ont par là même produit deux effets opposés. Ce double infléchissement se fait remarquer dans beaucoup d'autres églises, mais rarement d'une façon aussi accentuée qu'à Luxeuil.

Autrefois les deux travées hautes de la nef étaient consacrées au chœur des Religieux, lequel fut, du XVe au XVIIe siècle, fermé par un jubé et, du XVIIe au XIXe, par une grille en fer forgé. Le degré qu'on rencontre au milieu de la nef séparait alors le chœur monastique d'avec la place réservée aux séculiers.

Le chœur était garni des stalles qui ornent aujourd'hui l'abside. C'est là aussi qu'étaient inhumés les religieux en charge qui ne pouvaient prétendre aux sépultures de l'abside et des chapelles, exclusivement réservées aux abbés.

Les quatre travées comprises entre la clôture du chœur et les portes d'entrée étaient destinées aux séculiers. Là se trouvait la chaire qui, plus tard, a été reportée dans les travées hautes et a récemment fait place à celle que nous voyons aujourd'hui. Celle-ci est l'ancienne chaire de Notre-Dame de Paris acquise par Monseigneur Mathieu et donnée par lui à Luxeuil en 1874.

Le morceau artistique qui, dans la nef, attire surtout l'attention des visiteurs, est le buffet de l'orgue. On doit y distinguer deux parties. L'une, renfermant les *jeux*, a été exécutée au commencement du XVIIe siècle par les ordres de l'abbé Antoine de la Baume (1605) ; l'autre, formant console, a été ajoutée à la première au cours du XVIIe siècle. Cet ensemble produit une grande impression.

C'est dans la partie basse de l'église que furent inhumés, depuis le XIVe siècle, jusqu'en 1790, nombre de séculiers. On sait quel prix les familles attachaient à faire enterrer leurs défunts dans l'abbatiale de Luxeuil. Citons quelques-uns des monuments funèbres élevés en souvenir des séculiers, ceux du moins qui demeurent encore :

1° La tombe de Louis BINI, prévôt du monastère. 1546. — côté de l'évangile. —

2° La tombe de N. DE LA VERNE. Avec écussons, XVIIe siècle. — milieu de la nef. —

3° La tombe du comte LOUIS DE LIGNÉVILLE. 1722. — côté de l'épître. —

4° La tombe de MARGUERITE SUSANNE DE LIGNÉVILLE, veuve de messire LOUIS DE St-MAURIS. 1723. — Ibid. —

5° La tombe de messire JEAN PETIT, curé de St-Bresson. 1721. — côté de l'évangile. —

6° La tombe de Louis DE BONNAFOSSE DE LA GRAVE. 1722.
— côté de l'évangile. —

7° La tombe de HYACINTHE DE BONNAFOSSE, capitaine dans
Royal-Roussillon. 1744. — Ibid. —

8° La tombe du sieur ANTOINE VAUTHERIN DE St-MARCEL,
sub-délégué au département de Luxeuil. 1762. —
Ibid. —

9° La tombe de maître JEAN MILLETON, curé de Rosey (Lan-
gres). 1773. — Ibid. —

10° La tombe de maître FRANÇOIS BRENOT, de Besançon,
inspecteur des haras de Franche - Comté. 1773.
— Ibid. —

11° La tombe de madame HURAUT DE MORANVILLE, douai-
rière de Camille de Lamberty. 1776. — côté de
l'épitre. —

V

COLLATÉRAUX

Chacun des collatéraux se compose, comme la nef elle-même,
de six travées, dont la première, à partir des portes, a plus
d'élévation que les autres et forme une espèce de porche. Tous
deux sont bas de voûte et manquent de légèreté, mais offrent
un aspect simple et sévère.

C'est ici surtout qu'apparaît le premier travail de construction signalé plus haut. En voyant en effet ces colonnes, à larges
bases, ces chapiteaux, à tailloir carré et à corbeille ornée de
figures humaines, de corps d'animaux, de feuilles rudimen-
taires ; en constatant au collatéral du midi cette fenestrelle à
plein cintre, restée seule d'une série de baies semblables,
comment ne pas accuser ici le début de l'ère ogivale encore
toute empreinte de caractères romans ?

Le collatéral du nord a eu toutes ses fenêtres refaites dans
le goût de la Renaissance par l'abbé J. B Clerc. XVIIe siècle.
C'est la raison pour laquelle les vitraux, qui y ont été placés
les années dernières, ont dû emprunter le style de la Renaissance. Ils reproduisent les scènes de la passion et servent
de *chemin de croix*.

C'est dans ces collatéraux que les Moines avaient placé, comme dans des galeries funèbres, les tombeaux et statues devant perpétuer le souvenir de leurs défunts notable. Ces tombeaux ont disparu à la Révolution. Aujourd'hui nous n'avons plus dans le collatéral du nord que le groupe formé par la réunion de trois objets du même temps et du même style, mais qui n'étaient pas faits l'un pour l'autre : un *Christ au tombeau* provenant d'un ancien sépulcre, une *niche à coquille* ayant contenu un *Ecce homo*, et une *Vierge* ayant figuré anciennement au sommet du jubé. Cet ensemble est généralement désigné sous le nom d'*autel de Notre-Dame de Pitié*.

Au bas du collatéral, on voit une tombe avec inscription; c'est celle de Rose Gabrielle Xavière, comtesse de Thurn et de Valsassin. 1784.

Le collatéral du midi a été remanié comme celui du nord, à la même époque et par la même main. Cependant les transformations qu'il a subies ont été moins complètes puisqu'il a gardé l'une de ses fenêtres anciennes, qui nous sert à restituer, par la pensée, à chacune des travées sa fenêtre primitive.

Si nous examinons les détails, en commençant par l'entrée, nous trouvons d'abord les fonts baptismaux. Ils sont modernes, mais reproduisent les anciens baptistères du moyen âge ; c'est la cuve primitive avec pans à personnages et pied unique appuyé sur des lionceaux. Le *Christ* en bois qui les surmonte est celui qui ornait autrefois la tribune du jubé et a orné ensuite la grille de la clôture.

On peut ici remarquer trois dalles funéraires :

1e La tombe du Chevalier Perdris, relevée de la nef. Dalle gravée au trait (long. 2m 72, larg. au som. 1m 50, larg. à la base, 1m 30).

Le chevalier est représenté sous une arcature ogivale, la tête couverte du chapeau de fer à larges bords et à forte houppe, le corps vêtu de la cotte de mailles, les mains jointes sur la poitrine, l'épée au côté, les brodequins aux pieds et le large bouclier à la ceinture. Le chien traditionnel est assis à un coin de la pierre. Au sommet de l'arcature sont dessinés deux anges

aux ailes déployées avec deux écussons, dont l'un est complète-
ment fruste, et dont l'autre porte *trois perdrix posées deux et
une*. Les mêmes pièces meublent le bouclier ; ce sont les armes
parlantes du défunt. En bordure, on lit, gravée en creux et
écrite en lettres majuscules gothiques, l'inscription suivante :

*Cy. gist. Hugues. Perdris. chevaliers. qui. servi. les. rois.
de. France. et. fut. mais.... ès-guerres. qui. trépassa. le.
IIIe. jour. d'avri. l'a. MCCCLV. Deus. ait. l'âme. de li. am.*✝

2° La tombe des GRAVELLE, avec trois inscriptions :

*Ci gist Hon. Denis Gravelle à son vivant bourgeois de
Luxeul et receveur général ès ville et terre du dit lieu lequel
décéda le 28 de 7bre 1625. Dieu ait son âme.*

*Cy gist Noble Jean Gravelle avocat fiscal au baillage de
Luxeu qui décéda le 24 juillet 1644.*

*Et D͞uelle Anne Marguerite Cler sa relicte femme le 3 feb-
vrie 1675.*

Deux écussons accolés. Le premier (à dextre), porte : *de....
à deux bourdons de... passés en sautoir, accompagnés en chef
d'une étoile de... et en pointe d'un cœur de...* qui est de Gravelle. Le second (à sénestre) porte : *de... à une ancre marine
de...* Nous ignorons de qui sont ces dernières armes.

3° La tombe de J. B. DURUPT, curé de la paroisse, relevée de
l'ancien cimetière :

*Hic. requiescit. J. B. Durupt. sacerdos. Luxovii. ortus.
Exul. pro. Christo. redux. gregis. pastor. et. exemplum.
Luxov. parœciæ. rector. per annos. XIII. caritate. pastor.
Simplicitate. apostolus. parcus. sibi. egeno. prodigus.
Propinquis. amicus. omnibus. flebilis. obiit. XIX. januarii.
MDCCCXXIII. vixerat. annos. LXXI.*

<h2 style="text-align:center">VI</h2>

<h3 style="text-align:center">SACRISTIE</h3>

La sacristie, à laquelle donne accès une porte percée au
pignon méridional du transsept, fut reconstruite en 1664 par
l'abbé J. B. Clerc.

Elle comprend plusieurs salles.

La première, qui est la principale, est meublée de boiseries et d'armoires faites il y a peu de temps, mais avec les panneaux sculptés de l'ancien ameublement. Elle prend vue sur le jardin de l'Abbaye par trois grandes fenêtres à meneaux et à croisillons. On remarque surtout sa voûte surbaissée avec nervures entre-croisées et clef armoriée. L'écusson, qui primitivement renfermait les armes de l'abbé J. B. Clerc, porte aujourd'hui, en application de ciment, les armes de l'Abbaye. Toutefois le sculpteur leur a maladroitement accolé celles de l'abbé de Clermont-Tonnerre, lesquelles n'ont aucune raison d'être ici.

C'est dans les diverses salles de la sacristie que les Moines renfermaient les ornements précieux, les vases sacrés, les reliques avec leurs châsses. De tout cet ensemble qui, soit en 1789 soit en 1792, a été détruit ou dispersé, nous n'avons recouvré qu'une chape en *velours de Gênes* et la chasuble, *dite de Bossuet*, que l'évêque de Meaux avait donnée à l'Abbaye dans une visite qu'il fit à la bibliothèque.

VII

CLOITRE

En sortant de l'église par la porte méridionale, on descend dans l'ancien cloître. Celui-ci, malgré ses mutilations, reste digne de tout notre intérêt. Il était primitivement composé de quatre galeries. L'une d'elles a disparu au commencement de ce siècle ; et, dans les trois qui restent, on ne voit plus qu'une travée intacte. Elle se compose d'un bahut à hauteur d'appui, de trois baies séparées les unes des autres par des colonnettes géminées, et d'une rose trilobée.

Ce cloître fut construit à trois reprises. La galerie du nord fut l'œuvre de l'abbé Guillaume de Busseuil (1404) ; celle de l'est, l'œuvre de l'abbé Pierrexi de l'Isle (1425) ; celle du midi et celle de l'ouest furent l'œuvre de l'abbé Guy Briffaut (1444). Chacun de ces abbés signa son travail. Leurs armoiries sont encore aux clefs de voûte.

— 18 —